大方廣佛華嚴經 寫經

49

🪷 일러두기

1. 『사경본 한글역 대방광불화엄경』은 『독송본 한문·한글역 대방광불화엄경』에 수록된 한글역을 사경
   하는 데 편의를 도모하기 위해 편집을 달리하여 간행한 것이다.

2. 『독송본 한문·한글역 대방광불화엄경』은 실차난타가 한역(695~699)한 80권 『대방광불화엄경』의
   한문 원문과 한글역을 함께 수록한 것이다. 한문 저본은 고종 2년(1865) 월정사에서 인경한 고려대
   장경 『대방광불화엄경』이다.

3. 한글 번역은 동국역경원에서 발간한 한글 『대방광불화엄경』(운허)을 중심으로 하고 『신화엄경합론』
   (탄허)과 『대방광불화엄경 강설』(여천무비) 그리고 최근의 여타 번역본 등을 참조하였다.

4. 한글 번역은 독송과 사경을 위하여 정확성과 아울러 가독성을 고려하였다. 극존칭은 부처님과 불경
   계에 대해서만 사용하였다.

5. 사경본의 차례는 일러두기 → 한글역 본문 → 화엄경 목차 → 간행사이며 80권 『대방광불화엄경』의
   권별 목차 순으로 독송본과 함께 간행한다. (법공양판에는 간행사 다음에 간행불사 동참자를 밝혀
   두었다.)

사경본 한글역

대방광불화엄경 제49권

36. 보현행품

수미해주

大方廣佛華嚴經第四十九卷變相

普賢行品三十六

周

대방광불화엄경 제49권 변상도

대방광불화엄경
제49권

36. 보현행품

_____ 은(는)『대방광불화엄경』을
사경하는 인연공덕으로
『화엄경』이 널리 유통되고
우리 모두 다함께 보리 이루기를 발원하옵니다.

대방광불화엄경
제49권

36. 보현행품

그때에 보현 보살마하살이 다시 모든 보살 대중들에게 말씀하였다.

"불자들이여, 지난번에 말한 것은 이는 다만 중생의 근기에 마땅한 바를 따라서 여래 경계의 일부분만을 간략하게 설한 것이다.

무슨 까닭인가?

모든 부처님 세존께서는 모든 중생들이 지혜가 없어 나쁜 짓을 하고, '나'와 '나의 것'을 헤아리며, 몸에 집착하고, 뒤바뀌게 의혹하며, 삿된 소견으로 분별하여 모든 결박과 항상 함께 상응하고, 생사의 흐름을 따르며, 여래의 도를 멀리하는 까닭으로 세상에 출현하신다.

불자들이여, 나는 한 법도 저 모든

보살들이 다른 보살에게 화내는 마음을 일으키는 것보다 더 큰 과실이 되는 것을 보지 못하였다.

무슨 까닭인가? 불자들이여, 만약 모든 보살들이 다른 보살에게 성내는 마음을 일으키면 곧 백만 장애의 문을 이루게 되는 까닭이다.

무엇을 백만 장애라 하는가?
이른바 보리를 보지 못하는 장애와, 바른 법을 듣지 못하는 장애와, 깨끗하지 못한 세계에 태어나는 장

애와, 모든 악한 갈래에 태어나는 장
애와, 모든 어려운 곳에 태어나는 장
애와, 모든 질병이 많은 장애와, 비
방을 많이 받는 장애와, 우둔한 모
든 갈래에 태어나는 장애와, 바른 생
각을 파괴해 잃어버리는 장애와, 지
혜가 부족하고 모자라는 장애이다.

눈의 장애와, 귀의 장애와, 코의
장애와, 혀의 장애와, 몸의 장애와,
뜻의 장애와, 악지식의 장애와, 나쁜
무리들의 장애와, 소승을 즐겨 익히
는 장애와, 용렬한 범부를 즐겨 가까

이하는 장애이다.

큰 위덕의 사람을 믿고 좋아하지 않는 장애와, 바른 견해가 없는 사람과 함께 머무르기를 좋아하는 장애와, 외도의 집에 태어나는 장애와, 마군의 경계에 머무르는 장애와, 부처님의 바른 가르침을 떠나는 장애와, 착한 벗을 보지 못하는 장애와, 선근에 머무름이 어려운 장애와, 착하지 못한 법이 늘어나는 장애와, 하열한 곳을 얻게 되는 장애와, 변두리 땅에 태어나는 장애이다.

악한 사람의 집에 태어나는 장애와, 악한 귀신 중에 태어나는 장애와, 악한 용과 악한 야차와 악한 건달바와 악한 아수라와 악한 가루라와 악한 긴나라와 악한 마후라가와 악한 나찰 중에 태어나는 장애이다.

부처님 법을 좋아하지 않는 장애와, 아이들의 어리석은 법을 익히는 장애와, 소승을 즐겨 집착하는 장애와, 대승을 좋아하지 않는 장애와, 성품이 놀라거나 두려움이 많은 장애와, 마음이 항상 근심하고 괴로워

하는 장애이다.

생사에 애착하는 장애와, 부처님 법에 전념하지 못하는 장애와, 부처님의 자재하신 신통을 보고 듣기를 기뻐하지 않는 장애와, 보살의 모든 근을 얻지 못하는 장애와, 보살의 청정한 행을 행하지 못하는 장애와, 보살의 깊은 마음을 겁내어 물러나는 장애이다.

보살의 큰 서원을 내지 못하는 장애와, 일체 지혜의 마음을 내지 못하는 장애와, 보살의 행에 게으른 장애와, 모든 업을 깨끗이 능히 다스리지 못하는 장애와, 큰 복을 능히 거두어 들이지 못하는 장애이다.

지혜의 힘이 능히 밝고 예리하지 못한 장애와, 광대한 지혜를 끊는 장애와, 보살의 모든 행을 보호해 가지지 못하는 장애와, 일체 지혜의 말을 비방하기 즐겨하는 장애와, 모든 부처님의 보리를 멀리 여의는 장애이다.

온갖 마군의 경계에 머무르기를 즐겨하는 장애와, 부처님의 경계를 오로지 닦지 않는 장애와, 보살의 큰 서원을 결정적으로 내지 못하는 장애와, 보살과 함께 머무르기를 즐겨 하지 않는 장애와, 보살의 선근을 구하지 않는 장애와, 성품에 의혹의 견해가 많은 장애와, 마음이 항상 어리석고 어두운 장애이다.

보살의 평등한 보시를 능히 행하지 못하는 까닭으로 '버리지 못함'을 일으키는 장애와, 여래의 계를 능히 지니지 못하는 까닭으로 파계를 일으키는 장애이다.

견디고 참는 문에 능히 들어가지 못하는 까닭으로 어리석고 괴롭고 해롭고 성냄을 일으키는 장애와, 보살의 큰 정진을 능히 행하지 못하는 까닭으로 게으름의 때를 일으키는 장애와, 모든 삼매를 능히 얻지 못하는 까닭으로 산란함을 일으키는 장애와, 반야바라밀을 닦아 다스리지 못하는 까닭으로 나쁜 지혜를 일으키는 장애이다.

옳은 도리와 옳지 못한 도리 가운데 훌륭한 방편이 없는 장애와, 중생을 제도하는 가운데 방편이 없는 장애이다.

보살의 지혜 가운데 능히 관찰하지 못하는 장애와, 보살의 벗어나는 법 가운데 능히 밝게 알지 못하는 장애이다.

보살의 열 가지 광대한 눈을 성취하지 못한 까닭으로 눈이 태어나면서부터 맹인과 같은 장애와, 귀로 걸림 없는 법을 듣지 못한 까닭으로 입이 벙어리 양과 같은 장애이다.

상호를 갖추지 못한 까닭으로 코가

뭉그러진 장애와, 중생의 말을 능히
분별하여 알지 못한 까닭으로 혀를
성취하는 장애이다.

중생을 업신여긴 까닭으로 몸을 성
취하는 장애와, 마음에 광란이 많은
까닭으로 뜻을 성취하는 장애이다.

세 가지 율의를 지니지 못한 까닭
으로 몸의 업을 성취하는 장애와, 네
가지 허물을 항상 일으킨 까닭으로
말의 업을 성취하는 장애와, 탐욕과
성냄과 삿된 소견을 많이 낸 까닭으
로 뜻의 업을 성취하는 장애이다.

도둑의 마음으로 법을 구하는 장애와, 보살의 경계를 끊는 장애와, 보살의 용맹한 법 가운데 겁이 나서 물러나는 마음을 내는 장애이다.

보살의 벗어나는 도에 게으른 마음을 내는 장애와, 보살의 지혜광명문에 그만두는 마음을 내는 장애와, 보살의 기억하는 힘에 용렬하고 약한 마음을 내는 장애이다.

여래의 가르치신 법 가운데 능히 머물러 지니지 못하는 장애와, 보살의 생사를 여의는 도에 능히 친근하지 못하는 장애이다.

보살의 무너짐이 없는 도를 능히 닦아 익히지 못하는 장애와, 이승의 바른 지위를 따르는 장애와, 삼세의 모든 부처님과 보살들의 종성을 멀리 여의는 장애이다.

불자들이여, 만약 보살이 모든 보살들에게 한 번 화내는 마음을 일으키면 곧 이와 같은 등 백만 장애의 문을 이루게 된다.

무슨 까닭인가? 불자들이여, 나는

어떤 한 법도 모든 보살들이 다른 보살에게 화내는 마음을 일으키는 것보다 더 큰 허물이 됨을 보지 못하였다.

그러므로 모든 보살마하살들이 모든 보살행을 빨리 만족하려면 응당 열 가지 법을 부지런히 닦아야 한다.

무엇이 열인가?

이른바 마음에 일체 중생을 버리지

않음과, 모든 보살들에게 여래라는 생각을 내는 것과, 일체 부처님 법을 영원히 비방하지 않음과, 모든 국토가 다하여 없어지지 않음을 아는 것과, 보살의 행에 깊이 믿고 좋아함을 내는 것과, 허공 법계와 평등한 보리 마음을 버리지 않음과, 보리를 관찰하여 여래의 힘에 들어감과, 걸림 없는 변재를 부지런히 닦아 익힘과, 중생을 교화하되 피로해하거나 싫어함이 없음과, 일체 세계에 머무르되 마음에 집착하는 바가 없음이다. 이것이 열이다.

불자들이여, 보살마하살이 이 열 가지 법에 편안히 머무르고는 곧 능히 열 가지 청정함을 구족한다.

무엇이 열인가?

이른바 매우 깊은 법을 통달하는 청정과, 선지식을 친근하는 청정과, 모든 부처님 법을 보호하여 지니는 청정과, 허공계를 밝게 통달하는 청정과, 법계에 깊이 들어가는 청정과, 가없는 마음을 관찰하는 청정과, 일체 보살과 선근이 같은 청정과, 모든 겁에 집착하지 않는 청정과, 삼세를 관찰하는 청정과, 일체 모든 부처님 법을 수행하는 청정이다. 이것이 열이다.

불자들이여, 보살마하살이 이 열 가지 법에 머무르고는 곧 열 가지 광대한 지혜를 구족한다.

무엇이 열인가?

이른바 일체 중생의 마음의 행을 아는 지혜와, 일체 중생의 업보를 아는 지혜와, 일체 부처님의 법을 아는 지혜와, 일체 부처님 법의 깊고 정밀한 이치를 아는 지혜와, 일체 다라니문을 아는 지혜와, 일체 문자와 변재를 아는 지혜와, 일체 중생의 말과 음성과 말 잘하는 방편을 아는 지혜와, 일체 세계 가운데 그 몸을 널리 나타내는 지혜와, 일체 대중모임 가운데 영상을 널리 나타내는 지혜와, 일체 태어나는 곳에서 일체지를 갖추는 지혜이다. 이것이 열이다.

불자들이여, 보살마하살이 이 열 가지 지혜에 머무르고는 곧 열 가지 널리 들어감에 들어가게 된다.

무엇이 열인가?

이른바 일체 세계가 한 터럭 놓일 만한 곳에 들어가고 한 터럭 놓일 만한 곳이 일체 세계에 들어가며, 일체 중생의 몸이 한 몸에 들어가고 한 몸이 일체 중생의 몸에 들어가며, 말할 수 없는 겁이 한 생각에 들어가고 한 생각이 말할 수 없는 겁에 들어가며, 일체 부처님 법이 한 법에 들어가고 한 법이 일체 부처님 법에 들어가며, 말할 수 없는 처소가 한 처소에 들어가고 한 처소가 말할 수 없는 처소에 들어간다.

말할 수 없는 근이 한 근에 들어가고 한 근이 말할 수 없는 근에 들어가며, 일체 근이 근 아닌 데 들어가고 근 아닌 것이 일체 근에 들어가며, 일체 생각이 한 생각에 들어가고 한 생각이 일체 생각에 들어가며, 일체 음성이 한 음성에 들어가고 한 음성이 일체 음성에 들어가며, 일체 삼

세가 한 세상에 들어가고 한 세상이
일체 삼세에 들어간다. 이것이 열이
다.

불자들이여, 보살마하살이 이와
같이 관찰하고는 곧 열 가지 수승하
고 미묘한 마음에 머무른다.
무엇이 열인가?
이른바 일체 세계의 말이 말 아닌
수승하고 미묘한 마음에 머무름과,
일체 중생의 생각이 의지할 바 없는
수승하고 미묘한 마음에 머무름과,

구경인 허공계의 수승하고 미묘한 마음에 머무름과, 가없는 법계의 수승하고 미묘한 마음에 머무름과, 일체 깊고 비밀한 부처님 법의 수승하고 미묘한 마음에 머무름이다.

매우 깊고 차별이 없는 법의 수승하고 미묘한 마음에 머무름과, 일체 의혹을 제거하여 없애는 수승하고 미묘한 마음에 머무름과, 일체 세상이 평등하고 차별이 없는 수승하고 미묘한 마음에 머무름과, 삼세 모든 부처님의 평등한 수승하고 미묘한 마음에 머무름과, 일체 모든 부처님의 힘이 한량없는 수승하고 미묘한 마음에 머무름이다. 이것이 열이다.

불자들이여, 보살마하살이 이 열 가지 수승하고 미묘한 마음에 머무르고는 곧 열 가지 부처님 법의 교묘한 지혜를 얻는다.

무엇이 열인가?

이른바 매우 깊은 부처님 법을 밝게 통달하는 교묘한 지혜와, 광대한 부처님 법을 내는 교묘한 지혜와, 갖가지 부처님 법을 연설하는 교묘한 지혜와, 평등한 부처님 법에 증득해 들어가는 교묘한 지혜와, 차별한 부처님 법을 밝게 아는 교묘한 지혜이다.

차별 없는 부처님 법을 깨닫는 교묘한 지혜와, 장엄한 부처님 법에 깊이 들어가는 교묘한 지혜와, 한 방편으로 부처님 법에 들어가는 교묘한 지혜와, 한량없는 방편으로 부처님 법에 들어가는 교묘한 지혜와, 가없는 부처님 법에 차별 없음을 아는 교묘한 지혜와, 자신의 마음과 자신의 힘으로 일체 부처님 법에서 물러나지 않는 교묘한 지혜이다. 이것이 열이다.

불자들이여, 보살마하살이 이 법을 듣고는 다 마땅히 마음을 내어 공경히 받아 지녀야 한다. 무슨 까닭인가? 보살마하살이 이 법을 가지는 자는 애써서 들이는 힘을 조금만 써도 빨리 아뇩다라삼먁삼보리를 얻고 일체 부처님 법을 모두 구족하여

다 삼세 모든 부처님의 법과 평등하게 된다."

그때에 부처님의 위신력인 까닭이며 법이 이와 같은 까닭으로, 시방으로 각각 열 말할 수 없는 백천억 나유타 부처님 세계 미진수의 세계가 여섯 가지로 진동하였다.

모든 하늘보다 뛰어난 일체 꽃 구름과 향 구름과 가루향 구름과 의복과 일산과 당기와 깃발과 마니보배

등과 그리고 일체 장엄거리 구름을 비 내리며, 온갖 풍류 구름을 비 내리며, 모든 보살 구름을 비 내리며, 말할 수 없는 여래의 색상 구름을 비 내리며, 말할 수 없이 여래의 훌륭함을 찬탄하는 구름을 비 내렸다.

여래의 음성이 일체 법계에 가득한 구름을 비 내리며, 말할 수 없이 세계를 장엄하는 구름을 비 내리며, 말할 수 없이 보리를 증장하는 구름을 비 내리며, 말할 수 없이 광명이 밝게 비치는 구름을 비 내리며, 말할

수 없이 위신력으로 법을 설하는 구
름을 비 내렸다.

이 세계 사천하의 보리수 아래 보
리도량에 있는 보살의 궁전 가운데
서 여래께서 등정각을 이루시고 이
법을 연설하심을 보는 것과 같이, 시
방의 일체 모든 세계에서도 모두 또
한 이와 같다.

그때에 부처님의 위신력인 까닭이
며 법이 이와 같은 까닭으로, 시방으
로 각각 열 말할 수 없는 부처님 세

계 미진수의 세계 밖을 지나서 있는 열 부처님 세계 미진수의 보살마하살들이 이 국토에 와서 시방에 가득 차 있으면서 이와 같이 말하였다.

"훌륭하고 훌륭하다. 불자들이여, 이에 능히 이 모든 부처님 여래의 가장 큰 서원으로 수기하는 깊은 법을 설하도다.

불자들이여, 우리들은 일체가 이름이 같은 보현이며, 각각 보승 세계의 보당자재여래 처소로부터 이 국토에 왔으며, 다 부처님의 위신력으로 일체 처에서 이 법을 연설하니, 이 대중 모임에서 이와 같이 설하는 바와 같이 일체가 평등하여 더하고 덜함이 없다.

우리들이 모두 부처님의 위신력을 받들어 이 도량에 와서 그대들을 위하여 증명하니, 이 도량에 우리들 열 부처님 세계 미진수의 보살들이 와서 증명하듯이, 시방의 일체 모든 세계에서도 다 또한 이와 같다."

그때에 보현 보살마하살이 부처님의 위신력과 자신의 선근력으로써 시방과 온 법계를 관찰하면서 보살의 행을 열어 보이려 하며, 여래의 보리 경계를 연설하려 하며, 큰 서원의 경계를 말하려 하며, 일체 세계의 겁의 수효를 말하려 하며, 모든 부처님께서 때를 따라 출현하심을 밝히려 하였다.

여래께서 근이 성숙한 중생들을 따라 출현하시어 그들로 하여금 공양케 하심을 설하려 하며, 여래께서 세상에 출현하심에 공이 헛되지 않음을 밝히려 하며, 심은 바 선근은 반드시 과보 얻음을 밝히려 하며, 큰 위덕 있는 보살이 일체 중생을 위하여 형상을 나타내고 법을 설하여 그들을 깨닫게 하는 것을 밝히려 하여, 게송으로 말하였다.

그대들은 마땅히 환희하여
모든 덮인 번뇌를 버려 여의고
일심으로 공경하여
보살들의 모든 원행을 들을지어다.

지난 옛적 모든 보살들은
가장 수승한 사람 가운데 사자들이니
그들이 닦아 행하신 것을
내 이제 차례로 말하리라.

또한 모든 겁의 수효와
세계와 아울러 모든 업과
그리고 같을 이 없는 존귀하신 분이
그곳에 출현하신 것을 말하리라.

이와 같이 과거 부처님께서
큰 서원으로 세상에 출현하시어

어떻게 중생들을 위하여
모든 고뇌를 멸하여 없애셨는가?

일체 논의 잘하는 사자는
행하는 바가 계속하여 원만하여서
부처님의 평등한 법과
일체 지혜의 경계를 얻으시도다.

과거 세상의
일체 사람 가운데 사자를 보니
큰 광명 그물을 놓아서
시방세계를 널리 비추며

사유하고 이 서원을 세우시도다.
'내 마땅히 세상의 등불이 되어
부처님의 공덕과
십력과 일체지를 구족하리라.

일체 모든 중생들의
탐욕과 성냄과 어리석음이 치성하니
내 마땅히 다 구제하여 해탈시켜서
악도의 괴로움을 멸하게 하리라.'

이와 같은 서원을 세우며
견고하여 퇴전하지 않고

보살의 행을 갖추어 닦아서
열 가지 걸림 없는 힘을 얻으셨도다.

이와 같이 서원을 세우시고는
수행함에 물러나거나 겁내지 않고
짓는 일이 모두 헛되지 않으니
논의 잘하는 사자라고 이름하도다.

한 현겁 동안에
천 부처님께서 세상에 출현하시니
그 지니신 넓은 눈을
내 마땅히 차례로 말하리라.

한 현겁 동안과 같이
한량없는 겁 동안도 또한 그러하니
저 미래 부처님의 행을
내 마땅히 분별하여 말하리라.

한 부처님 세계종과 같이
한량없는 세계도 또한 그러하니
미래 십력 세존의
모든 행을 내 이제 말하리라.

부처님께서 차례로 세상에 출현하시어
서원을 따르고 명호를 따르며

그 얼은 바 수기를 따르며
그 머무르는 곳의 수명을 따르며

닦으시는 바 바른 법을 따라서
오로지 걸림 없는 도를 구하고
교화하실 바 중생들을 따라서
바른 법이 세상에 머무르게 하시도다.

청정한 부처님 세계와
중생들과 그리고 법륜과
연설할 때와 때 아님을 따라서
차례로 중생들을 청정하게 하시도다.

모든 중생들의 업과
행하는 바와 그리고 믿음과 지혜의
상·중·하가 같지 않음을 따라서
그들을 교화하여 닦아 익히게 하시도다.

이와 같은 지혜에 들어가
그 가장 수승한 행을 닦으며
항상 보현의 업을 지어서
모든 중생들을 널리 제도하며

몸의 업이 장애가 없고
말의 업이 다 청정하며

뜻의 행도 또한 이와 같으니
삼세에 그러하지 않음이 없도다.

보살의 이와 같은 행이
구경에 보현의 도이니
청정한 지혜의 해를 출생하여
법계를 널리 비추도다.

미래 세상의 모든 겁과
국토가 말할 수 없음을
한 생각에 다 밝게 알되
그것에 분별이 없도다.

수행하는 자는 능히
이러한 가장 수승한 지위에 들어가니
이 모든 보살들의 법을
내 마땅히 조금 말하리라.

지혜는 끝이 없어서
부처님의 경계를 통달하고
일체에 모두 잘 들어가서
행하는 일에서 물러나지 않도다.

보현의 지혜를 구족하고
보현의 서원을 원만히 이루어

갈음이 없는 지혜에 들어가니
내 마땅히 그 행을 말하리라.

한 미세한 티끌 가운데서
모든 세계들을 다 보니
중생들이 만약 듣는다면 마음이
미혹하고 어지러워 발광하리라.

한 미세한 티끌에서와 같이
일체 티끌도 또한 그러하여
세계가 그 가운데 다 들어가니
이와 같이 부사의하도다.

낱낱 티끌 가운데 있는
시방과 삼세의 법과
갈래와 세계들이 다 한량없음을
모두 능히 분별하여 알도다.

낱낱 티끌 가운데 있는
한량없는 종류의 부처님 세계들
갖가지로 모두 한량없음을
어느 것도 알지 못함이 없도다.

법계 가운데 있는 바
갖가지 모든 다른 모습과

갈래와 종류가 각각 차별함을
모두 능히 분별하여 알도다.

미세한 지혜에 깊이 들어가서
모든 세계가 일체 겁 동안
이루어지고 무너지는 것을 분별하여
모두 능히 분명하게 말하도다.

모든 겁의 길고 짧음을 알고
삼세가 곧 한 생각임과
온갖 행의 같고 같지 않음을
모두 능히 분별하여 알도다.

모든 세계의
광대함과 광대하지 않음과
한 몸이 한량없는 세계와
한 세계가 한량없는 몸에 깊이 들어가도다.

시방 가운데 있는 바
다른 종류 모든 세계의
광대하고 한량없는 모양을
일체를 모두 능히 알도다.

일체 삼세 가운데
한량없는 모든 국토의

매우 깊은 지혜를 구족하여
저 이루어지고 무너짐을 모두 알도다.

시방의 모든 세계가
이루어짐이 있고 무너짐이 있으니
이와 같이 말할 수 없음을
어지신 이가 모두 깊이 알도다.

혹은 모든 국토에서
갖가지로 땅을 꾸미고
모든 갈래도 또한 그러하니
이는 업의 청정을 말미암음이로다.

혹은 모든 세계의 한량없는
종류가 뒤섞여 물듦이 있음은
이는 중생들의 업을 말미암음이니
일체가 그 행과 같도다.

한량없고 가없는 세계가
곧 한 세계임을 밝게 알고
이와 같이 모든 세계에 들어가니
그 수효를 알 수 없도다.

일체의 모든 세계가
다 한 세계에 들어가지만

세계는 하나가 되지도 않고
또한 뒤섞여 어지럽지도 않도다.

세계가 잦혀지고 엎어짐과
혹은 높고 혹은 낮음이 있는 것은
모두 중생들의 생각임을
다 능히 분별하여 알도다.

넓고 넓은 모든 세계가
한량없고 끝이 없으니
갖가지가 하나임을 알며
하나가 갖가지임을 알도다.

보현의 모든 불자들이
능히 보현의 지혜로써
모든 세계의 수효를 분명히 아니
그 수효가 끝이 없도다.

모든 세계의 변화와
국토의 변화와 중생의 변화와
법의 변화와 모든 부처님의 변화를
알아서 일체가 다 구경이로다.

일체 모든 세계의
미세하고 광대한 세계가

갖가지로 다르게 장엄함이 모두
업으로 말미암아 생긴 것이로다.

한량없는 모든 불자들이
잘 배워서 법계에 들어가
신통력이 자재하여
시방에 널리 두루하도다.

중생들의 수효와 같은 겁 동안
저 세계의 이름을 설하여도
또한 다하게 할 수 없으니 오직
부처님의 열어 보이심은 제외하도다.

세계와 그리고 여래의

갖가지 모든 명호를

한량없는 겁을 지내도록

설하여도 다할 수 없는데

어찌 하물며 가장 수승한 지혜의

삼세 모든 부처님의 법이

법계로부터 생겨나서

여래의 지위에 충만함이리오.

청정하여 걸림 없는 생각과

가없고 걸림 없는 지혜로

법계를 분별하여 설하면
피안에 이르게 되리라.

과거 모든 세계의
광대함과 그리고 미세함과
닦아 익혀서 장엄한 바를
한 생각에 모두 능히 알도다.

그중에 사람 가운데 사자가
부처님의 갖가지 행을 닦아
평등하고 바른 깨달음을 이루어서
모든 자재함을 나타내 보이시도다.

이와 같이 미래세의
차례로 한량없는 겁 동안
있는 바 사람 가운데 존귀하신 분을
보살들이 모두 능히 알도다.

지닌 바 모든 행원과
있는 바 모든 경계를
이와 같이 부지런히 닦아 행하여
그 가운데 정각을 이루며

또한 저 대중모임과
수명과 교화할 중생을 알아서

이 모든 법문으로써
중생들을 위하여 법륜을 굴리도다.

보살이 이와 같이 알고는
보현행의 지위에 머물러
지혜가 다 명료하여
일체 부처님을 출생하도다.

현재의 세상에 거두어진
일체 모든 부처님의 국토에
이 모든 세계에 깊이 들어가
법계를 통달하도다.

저 모든 세계 가운데
현재의 일체 부처님께서
법에 자재함을 얻으시어
언론에도 걸리시는 것이 없도다.

또한 저 대중모임과
정토와 응하여 화현하는 힘을 알아
한량없는 억 겁이 다하도록
항상 이 일을 사유하시도다.

세간을 다스리는 존귀하신 분의
지니신 바 위신력과

다함없는 지혜의 창고를
일체를 모두 능히 알도다.

걸림 없는 눈과
걸림 없는 귀와 코와 몸과
걸림 없는 넓고 긴 혀를 내어서
능히 중생들이 환희하게 하도다.

가장 수승하고 걸림 없는 마음이
넓고 크고 널리 청정하며
지혜가 두루 충만하여서
삼세 법을 모두 알도다.

일체의 변화와
세계의 변화와 중생의 변화와
세간의 변화와 조복의 변화와
구경 변화의 피안을 잘 배우도다.

세간의 갖가지 차별이
모두 생각을 말미암아 머무르니
부처님의 방편 지혜에 들어가서
이에 다 밝게 알도다.

말할 수 없는 대중모임에
낱낱이 위해 몸을 나타내어

모두 여래를 친견하게 하고 가없는
중생들을 제도하여 해탈시키도다.

모든 부처님의 매우 깊은 지혜는
해가 세간에 나오듯이
일체 국토 가운데
널리 나타나 쉼이 없도다.

모든 세간이 거짓 이름뿐이고
실상이 없음을 밝게 통달하니
중생과 세계가
꿈 같고 그림자 같도다.

모든 세간의 법에
분별하는 소견을 내지 않으며
분별을 잘 떠난 자에게도
또한 분별함을 보지 않도다.

한량없고 수없는 겁도
알면 곧 한 생각이니
생각함도 또한 생각이 없음을 알아서
이와 같이 세간을 보도다.

한량없는 모든 국토를
한 생각에 다 초월하여

한량없는 겁을 지내되
본래의 자리에서 움직이지 않도다.

말할 수 없는 모든 겁도
곧 잠깐 사이라
길고 짧음을 보지 말지니
구경에는 찰나의 법이로다.

마음은 세간에 머무르고
세간은 마음에 머무르되 이에
'둘이다 둘이 아니다'라는 분별을
허망하게 일으키지 말지니라.

중생과 세계와 겁과
모든 부처님과 부처님 법이
일체가 환화와 같아서
법계가 모두 평등하도다.

널리 시방의 세계에
한량없는 몸을 나타내 보이되
몸이 연을 따라 생김을 알면
구경에 집착할 것이 없도다.

둘이 없는 지혜를 의지하여
사람 가운데 사자가 나타나시니

둘이 없는 법에도 집착하지 않아야
둘이고 둘 아님이 없음을 알리라.

모든 세간이
아지랑이와 같고 그림자와 같으며
메아리와 같고 또한 꿈과 같으며
환과 같고 변화와 같음을 밝게 알도다.

이와 같이 수순하여 모든
부처님께서 행하시던 곳에 들어가
보현의 지혜를 성취하여
깊은 법계를 널리 비추도다.

중생과 국토에 물들어 집착함을
일체를 다 버려 여의되
대비의 마음을 일으켜서
널리 모든 세간을 청정하게 하도다.

보살들이 항상 논의 잘하는 사자의
미묘한 법을 바르게 생각하여
청정하기가 허공과 같으나
큰 방편을 일으키도다.

세간이 항상 미혹하여 뒤바뀜을 보고
발심하여 다 구원하고 제도하는데

행하는 바가 모두 청정하여
모든 법계에 널리 두루하도다.

모든 부처님과 보살들과
부처님 법과 세간의 법에
만약 그 진실을 보면
일체가 차별이 없도다.

여래의 법신 창고가
세간 가운데 널리 들어가니
비록 세간에 있으나
세간에 집착하는 바가 없도다.

비유하면 청정한 물에
영상은 오고 감이 없듯이
법신이 세간에 두루하심도
또한 이와 같음을 마땅히 알지어다.

이와 같이 물들어 집착함을 여의면
몸과 세간이 모두 청정하여
고요하고 맑기가 허공과 같아서
일체가 생겨남이 없도다.

몸이 다함이 없으며
생겨남도 없고 또한 사라짐도 없으며

항상함도 아니고 무상함도 아님을 알아
모든 세간에 나타내 보이도다.

모든 사견을 제거하여 없애고
바른 견해를 열어 보이니
법성은 오고 감이 없어서
'나'와 '나의 것'에 집착하지 않도다.

비유하면 마술을 잘하는 사람이
갖가지 일을 나타내 보이지만
그 옴에 좇아 온 바가 없고
감에 또한 이르는 바가 없도다.

환의 성품은 한량이 있지 않고
또한 다시 한량이 없지 않으나
저 대중 가운데서
한량있고 한량없음을 나타내 보이도다.

이 고요한 선정의 마음으로
모든 선근을 닦아 익혀서
일체 부처님을 출생하니
한량있지도 않고 한량없지도 않도다.

한량있음과 한량없음이
모두 다 허망한 생각이니

일체의 이치를 밝게 통달하면
한량있고 한량없음에 집착하지 않도다.

모든 부처님의 깊고 깊은 법이
광대하고 깊으며 적멸하니
깊고 깊은 한량없는 지혜라야
깊고 깊은 모든 갈래를 알리라.

보살은 미혹하고 뒤바뀜을 떠나
마음의 청정함이 항상 계속되니
교묘하게 신통한 힘으로
한량없는 중생들을 제도하도다.

편안하지 못한 자는 편안하게 하고
편안한 자에게는 도량을 보여서
이와 같이 법계에 두루하되
그 마음은 집착하는 바가 없도다.

실제에 머무르지도 않고
열반에 들지도 않으나
이와 같이 세간에 두루하여
모든 중생들을 깨우치도다.

법의 수효와 중생들의 수효를
분명하게 알지만 집착하지 않고

법의 비를 널리 비 내려서
모든 세간을 흡족하게 하도다.

널리 모든 세계에서
생각생각에 정각을 이루되
보살의 행을 닦아
일찍이 물러난 적이 없도다.

세간의 갖가지 몸을
일체를 다 분명히 알고
이와 같이 몸의 법을 알면
곧 모든 부처님의 몸을 얻으리라.

모든 중생들과 모든 겁과
모든 세계를 널리 알아서
시방의 끝이 없는
지혜바다에 들어가지 않음이 없도다.

중생의 몸이 한량없는데
낱낱이 위하여 몸을 나타내니
부처님의 몸이 가없음을
지혜 있는 자는 모두 관하여 보도다.

한 생각에 아는 바인
출현하신 모든 여래를

한량없는 겁을 지내도록
칭찬하여도 다할 수 없도다.

모든 부처님께서 몸을 나타내시어
곳곳마다 열반에 드시니
한 생각 가운데 한량없는
사리도 각각 차별하도다.

이와 같이 미래 세상에
부처님의 과위를 구함이 있는
한량없는 보리 마음을
결정한 지혜로 모두 알도다.

이와 같이 삼세 가운데
계시는 모든 여래를
일체를 다 능히 알므로
보현행에 머무른다고 이름하도다.

이와 같이 분별하여
한량없는 모든 행의 지위를 알고
지혜의 경지에 들어가니
그 법륜이 물러나지 아니하도다.

미묘하고 광대한 지혜로
여래의 경계에 깊이 들어가고

들어가고는 물러나지 아니하니
보현의 지혜라 이름하도다.

일체에 가장 수승하고 존귀하신 분이
부처님의 경계에 널리 들어가
행을 닦고 물러나지 아니하여
위없는 보리를 얻으시도다.

한량없고 가없는 마음의
각각 차별한 업이
모두 생각으로 쌓아 모인 것임을
평등하게 모두 분명히 알도다.

물들고 물들지 않음과
배우는 마음과 배울 것 없는 마음과
말할 수 없는 모든 마음을
생각생각 가운데 모두 알도다.

하나도 둘도 아니며
물듦도 아니고 깨끗함도 아니며
또한 뒤섞여 어지러움도 없어서
다 자신의 생각에서 일어남을 밝게 알도다.

이와 같이
일체 모든 중생들의

마음 생각이 각각 같지 아니하여
갖가지 세간이 일어남을 다 밝게 보도다.

이와 같은 방편으로
모든 가장 수승한 행을 닦아서
부처님의 법에서 변화하여 태어나
보현이라는 이름을 얻었도다.

중생들이 다 허망하게
선하고 악한 모든 갈래의 생각을 일으키니
이로 말미암아 혹은 하늘에 태어나고
혹은 다시 지옥에 떨어지도다.

보살이 관해 보니 세간이
망상의 업으로 일어난 것이니
망상이 가없는 까닭으로
세간도 또한 한량없도다.

일체 모든 국토가
생각의 그물로 나타나는 것이니
마술 그물의 방편인 까닭으로
한 생각에 모두 능히 들어가도다.

눈과 귀와 코와 혀와 몸과
뜻의 근도 또한 이와 같아서

세간의 생각이 다르지만
평등하게 다 능히 들어가도다.

낱낱 눈의 경계에
한량없는 눈으로 다 들어가되
갖가지 성품의 차별이
한량없어 말할 수 없도다.

보는 바가 차별이 없고
또한 뒤섞여 어지럽지도 않으나
각각 자기의 업을 따라서
그 과보를 받도다.

보현의 힘이 한량없어
저 일체를 모두 알고
일체 눈의 경계에
큰 지혜로 다 능히 들어가도다.

이와 같은 모든 세간을
모두 능히 분별하여 알고
일체 행을 닦아서
또한 다시 물러남이 없도다.

부처님의 말씀과 중생의 말과
그리고 국토의 말과

삼세의 이와 같은 말을
갖가지 다 분명히 알도다.

과거 가운데 미래이고
미래 가운데 현재라
삼세가 서로서로 보아서
낱낱이 다 밝게 알도다.

이와 같이 한량없는 종류로
모든 세간을 깨우치니
일체 지혜와 방편이
끝이 없도다.

〈대방광불화엄경 제49권〉

회
향
송

아차보현수승행
무변승복개회향
보원침익제중생
속왕무량광불찰

시방삼세일체불
제존보살마하살
마하반야바라밀

我此普賢殊勝行

無邊勝福皆迴向

普願沈溺諸衆生

速往無量光佛刹

十方三世一切佛

諸尊菩薩摩訶薩

摩訶般若波羅蜜

大方廣佛華嚴經 — 부록

• 대방광불화엄경 목차

• 간행사

대방광불화엄경
목차

간 행 사

　귀의삼보 하옵고,

　『대방광불화엄경』의 수지 독송과 유통을 발원하면서 수미정사 불전연구원에서 『독송본 한문·한글역 대방광불화엄경』과 『사경본 한글역 대방광불화엄경』을 편찬하여 간행하게 되었습니다.

　『화엄경』은 우리나라에 전래된 이래 일찍부터 사경되고 주석·강설되어 왔으며 근현대에 이르러서는 『화엄경』의 한글 번역과 연구도 부쩍 많이 이루어졌습니다. 그만큼 『화엄경』이 우리 불자님들의 신행과 해탈에 큰 의지처가 되었던 것임을 알 수 있습니다.

　『화엄경』을 독송하고 사경하는 공덕은 설법 공덕과 함께 크게 강조되어 왔습니다. 그리하여 수미정사 불전연구원에서도 『화엄경』(80권)을 독송하고 사경하는 데 도움이 되도록 한문 원문과 한글역을 함께 수록한 독송본과 한글역의 사경본 『화엄경』 간행불사를 발원하였습니다. 이 『화엄경』 간행불사에 뜻을 같이하여 적극 후원해주신 스님들과 재가 불자님들께 깊이 감사드립니다. 또한 『화엄경』을 수지 독송할 수 있도록 경책의 모습으로 장엄해 주신 편집위원들과 담앤북스 출판사 관계자들께도 고마움을 표합니다.

　끝으로 이 불사의 원만 회향으로 『화엄경』이 널리 유통되고, 온 법계에 부처님의 가피가 충만하시길 기원드립니다.

　나무 대방광불화엄경

불기 2564년 '부처님오신날'을 봉축하며
수미해주 합장

위태천신(동진보살)

수미해주 須彌海住

호거산 운문사에서 성관 스님을 은사로 출가, 석암 대화상을 계사로 사미니계 수계, 월하 전계사를 계사로 비구니계 수계, 계룡산 동학사 전문강원 졸업, 동국대학교 불교대학 및 동 대학원 졸업, 철학박사, 가산지관 대종사에게서 전강, 동국대학교 불교대학 교수, 동학승가대학 학장 및 화엄학림 학림장, 중앙승가대학교 법인이사 역임.
(현) 수미정사 주지, 동국대학교 명예교수.
저·역서로 『의상화엄사상사연구』, 『화엄의 세계』, 『정선 원효』, 『정선 화엄1』, 『정선 지눌』, 『법계도기총수록』, 『해주스님의 법성게 강설』 등 다수.

사경본 한글역
대방광불화엄경 제49권

| **초판 1쇄 발행_** 2024년 10월 24일

| **엮은이_** 수미해주
| **엮은곳_** 수미정사 불전연구원
| **편집위원_** 해주 수정 경진 선초 정천 석도 박보람 최원섭
| **편집보_** 무이 무진 지욱 혜명

| **펴낸이_** 오세룡
| **펴낸곳_** 담앤북스
　　　　서울특별시 종로구 새문안로3길 23 경희궁의 아침 4단지 805호
　　　　대표전화 02)765-1251　전자우편 dhamenbooks@naver.com
　　　　출판등록 제300-2011-115호
| **ISBN_** 979-11-6201-495-0　04220